ARIVALEX

D.C. PAZ ARC

ARIVALEX

Sopa de letras en francés – D.C PAZ ARC

22 DE SEPTEMBER DE 2020
ARIVALEX
Residencial José Joaquín Inclán block 33 dpto. 503 – SJM Lima Perú

LESANIMAUX

```
Y  U  Z  U  J  W  S  U  N  U  M  S  U  P  Q
M  N  L  N  B  U  Z  J  W  N  R  Y  N  L  P
U     I  E  U  N  U  U  L  E  X  V  E  Y  E
N  S  R     N     N  N  U        J  B     U  S
E  E  U  S  E  P  E        N  G  U  B  A  N  U
   R  U  O        O     R     R  N  H  B  E  N
A  P  N  U  T  I  G  E  T  E  E  U  E
R  E     R  O  S  I  N  A  N     N  I  M  P
A  N  T  I  R  S  R  A  U  O  F     L  O  O
I  T  I  S  T  O  A  R  R  U  O  R  L  U  R
G  E  G  C  U  N  F  D  E  I  U  E  E  C  C
N  G  R  L  E  Z  E  U  A  L  R  Q  X  H  B
É  U  E  P  T  H  B  B  U  L  M  U  L  E  Y
E  F  X  Y  C  S  M  Z  V  E  I  I  Y  E  G
U  N  E     T  R  U  I  T  E  I  N  E  T  I
```

un poisson	un porc
un renard	un requin
un serpent	un taureau
un tigre	une abeille
une araignée	une fourmi
une girafe	une grenouille
une mouche	une souris
une tortue	une truite

LESANIMAUX

```
V  Z  U  N     C  R  O  C  O  D  I  L  E
I  U  N     C  H  E  V  R  E  A  U  U  V
U  N     C  H  E  V  A  L  U  D  U  N  U
T  Y  X  Y  S  U  R  J  P  N  L  N     N
U  N     C  A  N  A  R  D     E     C
P  P  R  J  J  B  J  C  Y  B     C  O  C
U  N     C  H  A  T  J  E  O  S  H  Q  H
N  I  L  E     R  A  T  B  U  I  I  W  I
   L  A     F  A  U  N  E  C  N  E  B  M
A  N  Q  Y  G  K  M  V  N  B  G  N  H  P
I  J  C  R  U  D  Z  J  S  K  E  J  J  A
G  A  G  U  N     C  H  A  M  E  A  U  N
L  S  U  N  E     C  H  È  V  R  E  H  Z
E  G  O  U  N     D  A  U  P  H  I  N  É
```

la faune	le rat
le singe	un aigle
un bouc	un canard
un chameau	un chat
un cheval	un chevreau
un chien	un chimpanzé
un coq	un crocodile
un dauphin	une chèvre

LES ANIMAUX

```
U  N     H  I  P  P  O  P  O  T  A  M  E  A  U

V  C  Y  N  U  N        M  O  U  T  O  N  O  Z  P

Z  G  S  U  U  N        P  É  L  I  C  A  N  H  N

F  N  G  X  F  H  V  S  U  N        P  A  N  D  A

P  P  N  G  N  X  Z  E  A  U  Z  J  V  J  I  T

W  U  N        O  I  S  E  A  U  N        L  O  U  P

A  U  N        P  I  N  G  O  U  I  N  A  O  Y  H

A  U  N        P  H  O  Q  U  E  D  P  Q  B  B  G

O  I  O  U  N        I  N  S  E  C  T  E  Z  I  B

U  R  O  K  G  L  B  Z  U  P  N  U  L  A  K  D

U  N        L  A  P  I  N  W  B  P  A  F  C  H  R

Y  V  X  U  N        P  E  R  R  O  Q  U  E  T  H

Y  S  V  L  E  U  N        É  L  É  P  H  A  N  T

P  V  I  P  O  J  U  N        F  A  U  C  O  N  C

K  U  N        L  I  O  N  U  N        O  U  R  S  H

U  N        K  A  N  G  O  U  R  O  U  T  T  V  M
```

un faucon	un hippopotame
un insecte	un kangourou
un lapin	un lion
un loup	un mouton
un oiseau	un ours
un panda	un perroquet
un phoque	un pingouin
un pélican	un éléphant

LESANIMAUX

```
Y  U  Z  U  J  W  S  U  N  U  M  S  U  P  Q
M  N  L  N  B  U  Z  J  W  N  R  Y  N  L  P
U     I  E  U  N  U  U  L  E  X  V  E  Y  E
N  S  R     N     N  N  U     J  B     U  S
E  E  U  S  E  P  E     N  G  U  B  A  N  U
   R  U  O     O     R     R  N  H  B  E  N
A  P  N  U  T  I  G  E  T     E  U  E
R  E     R  O  S  I  N  A  N     N  I  M  P
A  N  T  I  R  S  R  A  U  O  F     L  O  O
I  T  I  S  T  O  A  R  R  U  O  R  L  U  R
G  E  G  C  U  N  F  D  E  I  U  E  E  C  C
N  G  R  L  E  Z  E  U  A  L  R  Q  X  H  B
É  U  E  P  T  H  B  B  U  L  M  U  L  E  Y
E  F  X  Y  C  S  M  Z  V  E  I  I  Y  E  G
U  N  E     T  R  U  I  T  E  I  N  E  T  I
```

un poisson	un porc
un renard	un requin
un serpent	un taureau
un tigre	une abeille
une araignée	une fourmi
une girafe	une grenouille
une mouche	une souris
une tortue	une truite

DES PARTIES DU CORPS

```
P  B  Y  D  U  N     P  O  I  G  N  E  T
U  N     F  R  O  N  T  L  R  W  W  F  U
U  N     S  O  U  R  C  I  L  V  W  M  N
A  V  J  U  N  U  N     D  O  S  P  T
U  U  L  N  E  U  N     O  N  G  L  E  C
U  N  R     U  N     V  I  S  A  G  E  I
N     N  C  K  U  G  U  X  U  O  I  U  L
   G  H  Œ  O  N  Q  N  Y  N  S  U  N  U
C  E  B  U  Z     U     N     Z  M     N
H  N  Q  R  U  B  N  S  L  Œ  X  K  D
E  O  K  C  P  R     A  W  I  I  W  O  P
V  U  C  B  H  A  N  N  I  L  V  L  I  I
E  N  X  Y  I  S  E  G  A  E  X  E  G  E
U  A  C  B  Y  N  Z  Z  Y  Q  F  O  T  D
```

un bras	un cheveu
un cil	un cœur
un doigt	un dos
un front	un genou
un nez	un ongle
un pied	un poignet
un sang	un sourcil
un visage	un œil

DES PARTIES DU CORPS

```
M  X  G  W  O  U  N  E     É  P  A  U  L  E
P  K  C  A  U  N  E     G  O  R  G  E  X  T
R  E  J  U  N  E     J  A  M  B  E  O  Z  T
R  P  Q  S  B  U  N  E     B  O  U  C  H  E
P  U  N  E     F  E  S  S  E  S  A  Y  Z  U
U  N  E     D  E  N  T  C  O  B  J  Z  U  N
U  N  E     M  O  U  S  T  A  C  H  E  N  E
X  U  J  R  P  U  N  E     B  A  R  B  E
H  I  D  U  N  E     P  E  A  U  P  M     L
U  N  E     O  R  E  I  L  L  E  N  J  L  È
U  W  S  G  S  Q  E  N  L  L  Y  Z  E  A  V
U  N  E     M  A  I  N  X  V  N  R  O  N  R
D  E  S     Y  E  U  X  J  X  J  D  K  G  E
H  U  N  E     C  H  E  V  I  L  L  E  U  B
B  U  S  U  J  E  U  N  E     J  O  U  E  N
```

des yeux	une barbe
une bouche	une cheville
une dent	une fesses
une gorge	une jambe
une joue	une langue
une lèvre	une main
une moustache	une oreille
une peau	une épaule

LA FAMILLE

```
F  W  K  C  T  E  É  P  O  U  S  E  X  X
T  B  E  L  L  E  -  F  I  L  L  E  G  O
É  E  Z  B  E  A  U  -  F  I  L  S  Q  Y
P  L  P  V  J  D  N  E  N  F  A  N  T  S
O  L  M  G  I  D  E  M  I  -  S  Œ  U  R
U  E  X  Q  V  L  R  N  E  V  E  U  S  G
X  -  B  E  A  U  -  P  È  R  E  R  F  R
T  S  D  N  X  C  C  O  U  S  I  N  G  X
O  Œ  K  U  B  E  L  L  E  -  M  È  R  E
M  U  T  Q  G  R  A  N  D  -  M  È  R  E
L  R  Y  F  Y  C  O  U  S  I  N  E  L  Q
M  B  E  A  U  -  F  R  È  R  E  D  D  K
D  E  M  I  -  F  R  È  R  E  V  Y  N  O
G  R  A  N  D  -  P  È  R  E  G  R  R  P
```

beau-fils	beau-frère
beau-père	belle-fille
belle-mère	belle-sœur
cousin	cousine
demi-frère	demi-sœur
enfants	grand-mère
grand-père	neveu
épouse	époux

LA FAMILLE

```
L  S  P  E  T  I  T  E  -  F  I  L  L  E
N  P  A  R  E  N  T  S  R  W  E  B  R  P
M  C  D  W  A  T  H  N  D  Z  F  G  Z  W
È  F  X  T  K  B  E  Q  O  X  N  X  P  G
R  V  U  S  P  U  O  E  Y  E  B  I  X  K
E  M  A  M  A  N  N  Q  H  J  O  P  Y  N
Z  A  F  N  P  G  C  E  T  Y  D  È  X  O
R  A  F  H  A  P  L  A  D  E  N  R  I  E
T  R  I  S  A  Ï  E  U  L  W  E  E  T  J
P  E  T  I  T  S  -  E  N  F  A  N  T  S
F  O  T  R  I  S  A  Ï  E  U  L  E  O  Z
L  N  I  È  C  E  L  J  Z  R  B  V  P  T
W  P  O  P  E  T  I  T  -  F  I  L  S  J
U  Z  V  I  X  R  M  T  A  N  T  E  E  G
```

maman	mère
nièce	oncle
papa	parents
petit-fils	petite-fille
petits-enfants	père
tante	trisaïeul
trisaïeule	

INSTRUMENTS DE MUSIQUE

```
M  J  Z  R  L  E  M     B     T  L  U  T     L  U
L  Y  X  P  A  B  L     T  R  A  P  S     '     R
L  L  X  L     S  E  F  C        F  L     H  J
'  W  M  A  F  Y        X     L  C  P  A     A  L
O  K  O        L  L  P  L     '  L  O        R  E
R  X  C  G  Û  E  I     E  A     A  T     T  M
G  L  E  U  T     A        C  R  B     R  O     T
U  A  F  I  E  T  N  V  C     I  P  O     N  R
E     B  T  D  A  O  I  O  N     V  M  I     O
D  H  I  A  J  M  U  O  R  E  A  P  C     M
J  A  I  R  V  B  Q  L  D  T  K  E  A     B
E  R  B  E  F  O  Z  O  É  T  O  T  X     O
D  P  S  Q  Q  U  U  N  O  E  R  T  A     N
E  E  V  G  M  R  S  D  N  Q  R  E  U     E
```

l'accordéon	l'harmonica
l'orgue	la clarinette
la flûte	la guitare
la harpe	la trompette
le piano	le tambour
le trombone	le violon

MAISON

```
U  P  A  U  G  G  S  U  U  X  O  H  W  U
N  G  U  N  U  U  S  N  N  R  U  I  U  N
   H  N     N  N  U        U  N  I  B
B  S     S        N  L  C  N        U  U  R
A  V  É  O  P  M        A  O        B  N  T  É
L  B  V  U  L  I  J  V  U  L  U        U  F
C  M  I  S  A  R  A  O  L  A  R  S  N  R
O  C  E  -  F  O  R  I  O  V  E  A        I
N  W  R  S  O  I  D  R  I  A  A  L  F  G
T  T  N  O  N  R  I  F  R  B  U  O  O  É
U  I  N  L  D  Y  N  V  D  O  D  N  U  R
U  N     E  S  C  A  L  I  E  R  M  R  A
U  D  M  B  B  U  R  U  N        L  I  T  T
L  A  V  E  -  V  A  I  S  S  E  L  L  E
```

lave-vaisselle	un balcon
un bureau	un couloir
un escalier	un four
un jardin	un lavabo
un lavoir	un lit
un miroir	un plafond
un réfrigérate	un salon
un sous-sol	un évier

MAISON

```
U  O  K  C  P  O  U  U  J  U  U  P  L  S  M
N  U  J  V  B  U  N  N  O  N  N  U  U  A  S
E  N  U  T  L  N  E  E  M  E  E  N  N  L  A
   E  N  W  U  E        I        E  E  L  L
C     E  B  N     M  F  C  T  B        E  L
U  C     U  E  P  A  E  R  E  A  T  C     E
I  U  C  N     I  C  N  O  R  I  A  H  D
S  I  O  E  A  È  H  Ê  -  R  G  B  A  E  À
I  S  U     R  C  I  T  O  A  N  L  M
N  I  R  P  M  E  N  R  N  S  O  E  B  B  M
E  N  L  O  O  M  E  E  D  S  I  E  R  A  A
V  I  X  R  I  D     A  E  E  R  N  E  I  N
X  È  V  T  R  Y  À  I  S  Y  E  Q  F  N  G
Q  R  K  E  E  U  N  E     C  H  A  I  S  E
S  E  J  S  F  Q  G  L  N  Y  B  R  Q  O  R
```

micro-ondes	salle de bains
salle à manger	une armoire
une baignoire	une chaise
une chambre	une cour
une cuisine	une cuisinière
une fenêtre	une machine à
une pièce	une porte
une table	une terrasse

Vêtements

```
Q  L  A     C  E  I  N  T  U  R  E  Z  Z  M
L  L  A     C  H  E  M  I  S  E  T  T  E  M
A  O  L  M  Z  Q  L  A     B  L  O  U  S  E
   L  A  L  A     C  R  A  V  A  T  E  C  T
B  E     N  D  G  O  U  Q  P  Q  H  D  N  L
O     R  U  A  O  P  Z  R  O  F  F  G  K  A
U  G  O  V  U  Q  L  A     J  U  P  E  B
C  A  B  E  L  E     C  O  S  T  U  M  E  C
L  N  E  I  O  X  N  X  U  W  Z  X  X  P  H
E  T  L  E     C  H  A  P  E  A  U  H  Y  E
D  L  A     C  A  S  Q  U  E  T  T  E  W  M
B  L  E     B  É  R  E  T  L  K  N  X  R  I
Y  U  U  S  Q  L  A     B  A  G  U  E  G  S
O  H  F  N  M  L  A     V  E  S  T  E  O  E
X  F  M  O  L  E     B  O  N  N  E  T  L  Z
```

la bague	la blouse
la boucle	la casquette
la ceinture	la chemise
la chemisette	la cravate
la jupe	la robe
la veste	le bonnet
le béret	le chapeau
le costume	le gant

Vêtements

```
L  E  S     P  A  N  T  O  U  F  L  E  S
A  L  E  S     B  O  T  T  E  S  A  N  G
L  E  S     C  H  A  U  S  S  E  T  T  E
T  R  L  E     P  A  N  T  A  L  O  N  V
N  W  G  L  E     C  A  L  E  Ç  O  N  A
J  S  H  D  R  Z  U  Z  C  P  H  A  Z  I
L  E  S     C  H  A  U  S  S  U  R  E  S
L  E     S  O  U  T  I  E  N  -  G  O  R
L  E     P  O  R  T  E  F  E  U  I  L  L
L  E  S     L  U  N  E  T  T  E  S  X  Q
R  I  S  S  L  K  V  R  L  R  H  P  D  S
X  U  K  W  G  Z  B  L  E     S  L  I  P
U  W  L  E     P  U  L  L  -  O  V  E  R
Y  C  L  E     P  Y  J  A  M  A  M  U  W
```

le caleçon	le pantalon
le portefeuill	le pull-over
le pyjama	le slip
le soutien-gor	les bottes
les chaussette	les chaussures
les lunettes	les pantoufles

LESANIMAUX

```
U  N  E     C  H  O  U  E  T  T  E  F  J
U  N  E     B  E  L  E  T  T  E  S  M  C
N  U  Q  N  K  U  Q  U  G  U  L  U  E  H
   N  U  A  U  N  P  N  I  N  F  N  U  A
R     U  U  N     U     P     N  E  T  U
H  H  N  N     Z  N  É  D  L  H     E  V
I  É  E  E  G  È     C  L  I  U  F     E
N  R        U  B  C  U  U  O  N  O  D  -
O  I  G  L  É  R  A  R  N  N     U  E  S
C  S  I  I  P  E  S  E     C  L  I     O
É  S  R  O  A  T  T  U  L  E  I  N  L  U
R  O  A  N  R  C  O  I  O  A  O  E  O  R
O  N  F  N  D  O  R  L  U  U  N  A  U  I
S  T  E  E  K  W  H  I  P  Q  J  I  P  S
```

Un zèbre	chauve-souris
meute de loup	un castor
un guépard	un hérisson
un lion	un lionceau
un loup	un rhinocéros
un écureuil	une belette
une chouette	une fouine
une girafe	une lionne

LESANIMAUX

```
U  N  E     H  I  R  O  N  D  E  L  L  E
I  K  U  N     P  I  G  E  O  N  A  U  S
U  N  E     C  O  L  O  M  B  E  T  N  Q
N  A  A  U  I  U  V  U  H  O  U  F     U
   J  U  N  U  N  U  N  R  U  N  P  S  N
C  T  N     N     N  E  U  N     R  A
H  S  G     M        Z  E  O  E  N  R
E  Y  C  O  D  E  C  B  A     I  A  G  E
V  P  O  É  A  R  E  I  H  P  S  O  L  N
R  V  R  L  I  L  R  C  O  I  E  Z  I  A
E  O  B  A  M  E  F  H  Z  E  A  X  E  R
U  F  E  N  X  P  M  E  K  L  U  I  R  D
I  W  A  D  U  U  N     C  Y  G  N  E  A
L  Y  U  U  N     M  O  I  N  E  A  U  A
```


un cerf	un chevreuil
un corbeau	un cygne
un daim	un goéland
un merle	un moineau
un oiseau	un pigeon
un renard	un sanglier
une biche	une colombe
une hirondelle	une pie

LESANIMAUX

```
U   N       L   É   Z   A   R   D   U   P   H   O   H
V   C   U   G   I   U   W   A   P   N   B   U   N   T
A   Q   N   T   Y   N   H   Q   R       Q   N   R   O
U   H       G   U   E   O   U   U   P   U       D   R
N   W   C   U   N       G   N   N   E   N   C   U   T
E   L   H   U       S   X       R       H   N   U
    E   I   N   H   O   R   C   C   R   P   A       E
T       O       A   U   H   O   O   O   O   T   O
O   P   T   F   M   R   H   Q   C   Q   N   O   I   D
R   O   H   U   S   I   J   V   H   U   E   N   S   '
T   U   C   R   T   S   N   Y   O   E   Y   J   E   E
U   L   C   E   E   R   T   N   N   T   F   H   A   A
E   E   F   T   R   U   N       R   A   T   R   U   U
R   T   K   J   U   N       C   A   N   A   R   I   B
```

le poulet	tortue d'eau
un canari	un chaton
un chiot	un cochon
un coq	un furet
un hamster	un lézard
un oiseau	un perroquet
un poney	un rat
une souris	une tortue

LESANIMAUX

```
A  U  N     M  O  U  S  T  I  Q  U  E  U
U  N     P  U  C  E  R  O  N  M  U  U  N
N  U  U  Z  Z  N  U  N  U  U  U  N  N
E  N  N  U  U  L  N  U  R  N  U  E  E  E
   E     N  N  U  E  N  B  E  N        S
L     C  E  E  N        L        P  L  C
I  A  A        C  P  D  G  S  U  I  A
M  R  F  A  M  A  H  A  Q  U  C  N  B  R
A  A  A  B  O  S  E  P  U  Ê  A  A  E  G
C  I  R  E  U  T  N  I  N  P  R  I  L  O
E  G  D  I  C  I  L     E  A  S  L  T
Y  N  T  L  H  C  L  L  P  W  B  E  U  W
Z  É  H  L  E  O  L  O  O  X  É  B  L  U
I  E  X  E  B  T  E  N  U  M  E  I  E  T
```

un asticot	un cafard
un escargot	un moustique
un papillon	un pou
un puceron	un scarabée
une abeille	une araignée
une chenille	une guêpe
une libellule	une limace
une mouche	une punaise

LESANIMAUX

```
L  U  N  E        G  A  Z  E  L  L  E     F  L  C

U     N     H  I  P  P  O  P  O  T  A  M  E     X

U        I  U  U  I  U  U  Z  U  T  U  G  X  U

N  A  N  N  U  N  N  O  N  Z  N  Z  U  N

   L  M        N  E     M     Q     H  N

C  L  U  K  C  E     G  B  B  G  B  V        D

R  I  N  A  H     A  O  E  A  N  U  F  S  R

O  G     N  I  H  N  R  A  B  M  F  J  I  O

C  A  C  G  M  Y  T  I  C  O  K  F  N  N  M

O  T  H  O  P  È  I  L  U  U  K  L  J  G  A

D  O  A  U  A  N  L  L  Q  I  M  E  L  E  D

I  R  M  R  N  E  O  E  Y  N  Q  V  D  F  A

L  U  E  O  Z  L  P  U  N     G  N  O  U  I

E  H  A  U  É  J  E  M  P  K  G  F  V  D  R

Y  N  U  N     L  É  O  P  A  R  D  A  F  E
```


un alligator	un babouin
un buffle	un chameau
un chimpanzé	un crocodile
un dromadaire	un gnou
un gorille	un hippopotame
un kangourou	un léopard
un singe	une antilope
une gazelle	une hyène

LESANIMAUX

```
C  U  N  E     A  U  T  R  U  C  H  E  U

U  N     S  E  R  P  E  N  T  Q  Y  K  N

S  C  J  X  U  N     C  R  A  B  E  U

S  N  R  H  U  Î  T  R  E  S  H  B  N  T

J  C  U  N  E     B  A  L  E  I  N  E  H

J  U  N     H  O  M  A  R  D  R  M     O

C  U  N     P  O  I  S  S  O  N  O  P  N

P  U  N     S  A  U  M  O  N  G  U  I  T

C  H  V  U  N  E     É  T  O  I  L  E  P

U  N  E     C  R  E  V  E  T  T  E  U  U

U  N  E     M  É  D  U  S  E  C  S  V  G

M  A  C  O  Q  U  I  L  L  A  G  E  R  V

P  G  H  B  V  F  Z  C  I  W  J  J  E  E

U  N  E     H  I  P  P  O  C  A  M  P  E
```

coquillage	huîtres
moules	un crabe
homard	un poisson
un saumon	un serpent
un thon	une autruche
une baleine	une crevette
une hippocampe	une méduse
une pieuvre	une étoile

LESANIMAUX

```
O  F  J  U  N      O  R  Q  U  E  N  W  U
U  N  E     L  O  U  T  R  E  C  Y  L  B
T  U  U  N     P  H  O  Q  U  E  B  P  I
S  N  U  N  E     O  T  A  R  I  E  H  R
W     N  M  Z  B  U  N     M  O  R  S  E
K  M  W  K  V  U  K  Q  O  V  N  F  Y  K
T  A  G  P  W  U  N     R  E  Q  U  I  N
D  N  Z  K  W  P  P  G  H  D  F  A  R  O
F  C  V  K  H  M  Y  G  K  A  D  Y  L  X
E  H  H  U  N     P  I  N  G  O  U  I  N
S  O  I  Q  Y  E  V  D  Z  F  B  I  T  D
A  T  O  U  R  S     P  O  L  A  I  R  E
D  E  A  U  N     D  A  U  P  H  I  N  C
E  B  M  E  P  D  O  I  U  O  J  C  C  O
```

ours polaire	un dauphin
un manchot	un morse
un orque	un phoque
un pingouin	un requin
une loutre	une otarie

PARTIES DU CORPS DES ANIMAUX

```
P  E  I  X  U  N  E     T  Â  C  H  E  R
O  V  O  L  E  R  N  A  G  E  R  V  A  Y
O  I  L  A  W  P  Z  B  R  U  W  Y  K  G
H  X  U  F  N  C  M  H  L  P  Y  R  Q  G
U  I  W  D  E  M  T  Z  I  B  N  Q  N  A
A  N  K  X  M  V  P  L  A  A  C  J  E  B
D  O  D  E  S     R  A  Y  U  R  E  S  W
Q  Q  T  Q  R  U  F  O  U  R  R  U  R  E
R  I  Y  U  N  E     É  C  A  I  L  L  E
F  B  K  E  U  N  E     A  I  L  E  C  A
O  R  A  Y  É  G  P  I  C  H  P  P  X  L
E  W  Y  L  E  S     J  A  M  B  E  S  A
N  O  T  Â  C  H  E  T  É  Y  J  M  E  B
C  W  I  O  T  W  T  S  D  E  L  E  O  K
```

des rayures	fourrure
les jambes	nager
rayé	tâcheté
une aile	une tâche
une écaille	voler

LESANIMAUX

```
U E A U N   Â N E C X C S U
N V X U N E   C A N E L T U
  C U N   B É L I E R M A N
T F G U N   D I N D O N R
A U H U U N   C A N A R D M
U N E   V A C H E E M D H O
R E Z H U N   A G N E A U U
E   J R O C G N M R N Y N T
A D U N   L A P E R E A U O
U I U N E   C H È V R E I N
F N R U N E   B R E B I S Y
O D U V U U N   L I È V R E
Q E U N   B O U C I G M J F
D B F D N F U N   M U L E T
```


un agneau	un bouc
un bélier	un canard
un dindon	un lapereau
un lièvre	un mouton
un mulet	un taureau
un âne	une brebis
une cane	une chèvre
une dinde	une vache